SÓCRATES

O MÁRTIR DA FILOSOFIA

Anthony Gottlieb

SÓCRATES

O MÁRTIR DA FILOSOFIA

Tradução de
Irley Fernandes Franco

1ª Reimpressão

Editora UNESP

Título original em inglês: Socrates. Philosophy's Martyr, publicado pela Phoenix, uma divisão da Orion Publishing Group Ltd.

Praça da Sé, 108
01001-900 – São Paulo – SP
Tel.: (0xx11) 3242-7171
Fax: (0xx11) 3242-7172
www.editoraunesp.com.br
www.livrariaunesp.com.br
feu@editora.unesp.br

Dados Internacionais de Catalogação na Publicação (CIP)
(Câmara Brasileira do Livro, SP, Brasil)

Gottlieb, Anthony
Sócrates: o mártir da filosofia / Anthony Gottileb; tradução Irley Fernandes Franco – São Paulo: Editora UNESP, 1999. – (Coleção Grandes Filósofos)

Título original: Socrates: philosophy's martyr.

Bibliografia

ISBN 85-7139-242-0

1. Sócrates I. Título. II. Série

99-2184 CDD-183.2

Índice para catálogo sistemático:

1. Filosofia socrática 183.2

Editora afiliada:

Asociación de Editoriales Universitarias de América Latina y el Caribe

Associação Brasileira de Editoras Universitárias

O autor agradece a Sir Kenneth Dover por seus comentários a uma das provas desse trabalho.

Esse texto é parte de uma história da filosofia ocidental a ser publicada pela Viking/Penguin.

Sócrates é o santo e o mártir da filosofia. Nenhum outro grande filósofo foi tão obcecado com o viver corretamente. Como muitos mártires, Sócrates escolheu não tentar salvar a própria vida, quando provavelmente o poderia ter feito mudando suas atitudes. Segundo Platão, que estava presente na época, Sócrates, em seu julgamento, disse aos juízes: "estais enganados ... se achais que um homem que tem algum valor deve gastar seu tempo pesando as perspectivas de vida e morte. Só há uma coisa a considerar quando se faz uma ação – saber se se está agindo correta ou erradamente".[1] Mas, à diferença de muitos santos, Sócrates possuía um agudo senso de humor; este, algumas vezes, se manifestava como sagacidade brincalhona, às vezes como fértil ironia. E, diferentemente dos santos de toda e qualquer religião, sua fé consistia não em uma confiança na revelação ou em uma esperança cega, mas em uma devoção à razão argumentativa. Nada além disso, segundo a maioria, seria capaz de movê-lo.

Seus amigos contavam histórias sobre o quanto ele era estranho. Uma noite, após o jantar, segundo um diálogo de Platão, um jovem, que havia estado no serviço militar com Sócrates, conta como Sócrates

1 Platão, *Apologia* 28b (*The Collected Dialogues of Plato* (CDP). E. Hamilton, H. Cairns (Ed.). Princeton University Press, 1961, p.14).

por volta do nascer do sol, certa manhã, havia começado a se debater com algum problema e ficou lá de pé absorto em pensamento e, enquanto a resposta não vinha, permanecia lá pensando e se recusava a desistir de pensar. As horas se passaram, e, por volta do meio-dia, as tropas ... começaram a espalhar umas para as outras que Sócrates havia permanecido lá pensando até o fim do dia. E, finalmente, perto do cair da noite, alguns dos jônios, depois do jantar, trouxeram seus leitos para fora ... em parte para ver se ele ia permanecer lá a noite inteira. Bem, lá ele ficou até o amanhecer e, então, quando veio o pôr do sol, ele fez suas orações para o sol e foi embora.[2]

Apesar de tais usos de seu tempo livre, Sócrates tinha, segundo conta a maioria, um honrável recorde militar.

Um outro amigo descreveu que, no caminho para o banquete, no qual a história acima é contada, Sócrates "caiu em profunda abstração e começou a ficar para trás".[3] Sócrates, então, parou no portão de um vizinho para continuar a pensar. "É um hábito seu; ele se desliga e ali fica, não importa onde esteja." Seus outros hábitos regulares não incluíam lavar-se; mesmo seus melhores amigos admitiam que era raro vê-lo de banho tomado e de sapatos; era sujo e desleixado, nunca tinha nenhum dinheiro, e também não lhe importava de onde viria sua próxima refeição. Ele admitiu para a corte o seguinte: "Eu nunca vivi uma vida normal e tranquila. Nunca me importei com as coisas com que a maior parte das pessoas se importa – ganhar dinheiro, ter uma casa confortável, um alto posto civil ou militar e todas as outras atividades que vigoram em nossa cidade".[4] Mas Sócrates não achava que quaisquer desses ornamentos típicos de uma vida convencionalmente bem-sucedida fossem maus em si mesmos. Tampouco era um asceta no sentido corriqueiro do termo. Nunca pregou a abstinência (ele podia, diziam seus amigos, beber mais do

2 Platão, *O banquete*, 220c (CDP, p.571).
3 Ibidem, 174d, 175b (CDP, p.529-30).
4 Platão, *Apologia* 36b (CDP, p.21).

que qualquer um deles, embora nunca tivesse sido visto bêbado), nem nunca exigiu dos outros que vivessem com a mesma simplicidade que ele. Homem corajoso e cheio de preocupações, estava ocupado demais para prestar atenção a coisas como roupas, comida ou dinheiro.

Na maior parte do tempo, ele estava ocupado em conversar com outros, e não apenas em meditar sozinho. Suas discussões, ao que parece, eram tão intensas quanto seus acessos de abstração solitária. Um distinto general que o conhecia disse certa vez:

> qualquer um que seja íntimo de Sócrates e converse com ele está sujeito a ser tomado por um argumento e, seja qual for o assunto que comece, estará continuamente envolvido por ele, até que, finalmente, descubra que precisa dar uma explicação tanto da sua vida presente quanto da passada, e, uma vez que ele esteja enredado, Sócrates não o deixará partir até que o tenha completa e totalmente examinado.[5]

Sócrates era pobre, não possuía nenhuma das realizações convencionais em seu nome e era de origem humilde – seu pai era um pedreiro e sua mãe uma parteira. O fato de, apesar disto, ter tido acesso à alta sociedade ateniense atesta o quão extraordinária era sua conversação. Alcebíades, que contou a história da vigília de Sócrates no acampamento militar, comparou seu discurso à música de Mársias, o deus do rio "que tinha apenas de colocar sua flauta nos lábios para enfeitiçar a humanidade". A "diferença entre ti e Mársias", diz Alcebíades a Sócrates, "é que tu podes conseguir exatamente o mesmo efeito sem fazer uso de absolutamente nenhum instrumento – com nada, além de algumas poucas e simples palavras, que nem poesia são".[6] E:

---

5 Platão, *Laques*, 187e (CDP, p.131).
6 *O banquete*, 215b (CDP, p.566).

> no que me diz respeito, cavalheiros, se eu não temesse que vós iríeis dizer que estou completamente embriagado, eu declararia sob juramento o extraordinário efeito que as palavras deste homem exerceram sobre mim ... No momento em que o ouço falar, sou atingido por uma espécie de furor sagrado ... e meu coração dispara até a boca e as lágrimas me vêm aos olhos – oh! e não apenas eu, mas muitos outros homens...[7]
>
> Este nosso Mársias aqui freqüentemente me deixava num estado de alma tal que eu simplesmente me sentia incapaz de poder continuar a viver do modo como eu vivia ... Ele me faz admitir que, enquanto eu gasto meu tempo com a política, estou negligenciando todas as coisas que em mim clamam por atenção.

O jovem Alcebíades estava "embriagado" a essa altura do banquete, de modo que não há dúvida de que ele estava realmente tomado pelo entusiasmo. É um fato bastante conhecido que todos se entusiasmavam quando falavam de Sócrates, fosse Alcebíades cantando seus elogios, fossem os inimigos dirigindo discursos violentos contra ele.

Alcebíades também queria que Sócrates o amasse. Era razoavelmente comum as relações entre os filósofos atenienses e os homens jovens serem pinceladas de homoerotismo, especialmente no círculo de Platão. Atraído pela beleza jovem dos rapazes, um homem mais velho poderia sentir-se feliz em prender a atenção dos jovens dando-lhes em troca um pouco de sabedoria. Mas tanto Platão quanto Sócrates criticavam o intercurso homossexual. Alcebíades ficou, a princípio, mortificado quando Sócrates recusou-se a corresponder a suas afeições físicas. Como Sócrates taticamente explica na época, ele resistiu aos avanços de Alcebíades por razões éticas, e não porque não estivesse atraído por ele. Alcebíades era admiravelmente lindo e Sócrates admiravelmente feio. Era uma beleza interior a que Alcebíades via nele: "Fui mordido no coração, ou na alma, ou seja lá qual for o nome que se dê a isso, pela filosofia de Sócrates, que agarra como uma víbora qual-

7 Ibidem, 215d (CDP, p.567).

quer jovem de mente bem-dotada e talentosa de que ela possa se apoderar".[8]

Sócrates fazia troça da sua própria feiura e, mesmo um assunto banal como este, conseguia transformar em algo supostamente sério. Critóbulus, um amigo de Sócrates, aparentemente o teria, certa vez, desafiado para um "concurso de beleza" no qual cada homem deveria convencer um júri de mentira de que era mais bonito do que o outro. Sócrates dá início ao concurso:

> *Sócrates*: O primeiro passo, então, no meu entender, é intimar-vos a uma audição preliminar; sê gentil, Critóbulus, e responde minhas perguntas ... Tu afirmarias ... que a beleza pode ser encontrada somente no Homem, ou ela pode estar também em outros objetos?
>
> *Critóbulus:* Na verdade, minha opinião é a de que a beleza pode perfeitamente ser encontrada tanto em um cavalo ou em um boi quanto em inúmeras coisas inanimadas. Eu pelo menos sei que tanto um escudo ou uma espada quanto uma lança podem ser belos.
>
> *Sócr.*: Como é possível que todas essas coisas sejam belas quando são inteiramente dessemelhantes?
>
> *Crit.*: Ora, elas são belas e boas se são bem feitas para as respectivas funções para as quais as obtemos ou se elas são naturalmente bem constituídas para servir às nossas necessidades.
>
> *Sócr.*: Tu sabes a razão por que necessitamos de olhos?
>
> *Crit.*: Obviamente, para ver.
>
> *Sócr.*: Nesse caso, pareceria que meus olhos, sem qualquer possibilidade de discussão, são melhores do que os teus.
>
> *Crit.*: Como assim?

8 Ibidem, 218a (CDP, p.569).

Sócr.: Porque enquanto os teus só veem o que está à frente, os meus, esbugalhados como são, veem também o que está dos lados.

Crit.: Queres dizer que um caranguejo está mais bem equipado visualmente do que qualquer outra criatura?

Sócr.: Exatamente.

Crit.: Bem, que seja assim; mas de quem é o melhor nariz, o teu ou o meu?

Sócr.: O meu, eu acho, considerando-se que a Providência fez nossos narizes para cheirar. Pois tuas narinas olham em direção ao chão, enquanto as minhas estão bem abertas e voltadas para fora, de modo que eu posso captar aromas de todos os lados.

Crit.: Mas como tu fazes com que um nariz achatado seja mais bonito do que um reto?

Sócr.: Pelo fato de ele não produzir nenhuma barreira entre os olhos e permitir-lhes assim uma visão desobstruída do que quer que eles desejem ver, enquanto um nariz reto e afilado, como que para compensar, separa, como uma parede, um olho do outro.

Crit.: No que diz respeito à boca, eu faço essa concessão. Pois se ela foi criada para morder os alimentos, então a tua pode abocanhar muito mais do que a minha poderia. E tu não achas que teu beijo é também mais doce porque teus lábios são grossos?

Sócr.: De acordo com teus argumentos, pareceria que minha boca é mais feia do que a de um asno...

Crit.: É impossível continuar argumentando contigo, deixemos que eles distribuam os votos...[9]

---

9 E. C. Marchant , O. J. Todd, *Xenophon*, (Loeb Classical Library (LCL), 1923, v.4, p.599).

Evidentemente Sócrates perdeu. Ele sabia que não poderia ser realmente considerado bonito e que eles estavam apenas brincando. Essa conversa (tirada de um diálogo escrito por um outro admirador, Xenofonte) não é do tipo que traria lágrimas aos olhos de Alcebíades, a menos talvez que fossem lágrimas provocadas pelo riso. Tampouco ela mostra Sócrates em sua maior sofisticação. Longe disso: esse é o Sócrates dos iniciantes. Mas é interessante ver como essa simples brincadeira tem muito do Sócrates que encontramos nas conversas filosóficas mais densas e bem mais conhecidas dos diálogos de Platão.

Primeiramente, há o seu método característico de interrogação. Ao invés de propor uma tese ele mesmo, Sócrates deixa que o outro o faça e então retira dela suas consequências. Como sempre, com Sócrates, a questão começa com a busca de uma definição iluminadora do que quer que esteja sendo discutido – nesse caso a beleza. Critóbulus morde a isca e oferece como sua a seguinte definição: "[as coisas são] belas e boas se elas são bem feitas para as respectivas funções para as quais nós as obtemos, ou se elas são naturalmente bem constituídas para servir às nossas necessidades". Então Sócrates só tem de puxar o anzol; não tem nenhuma dificuldade em mostrar que, se a beleza é o que Critóbulus diz ser, então ele próprio é belo. É destrinchando as explicações dos outros que Sócrates sempre jogou o jogo da dialética.

O concurso também mostra a complexa ironia socrática. Ele sabe que é feio. Sabe que a definição que Critóbulus faz da beleza é falha e, mesmo assim, continua, como se nenhuma dessas coisas fosse verdade: ele dá a impressão de estar perfeitamente feliz em adotar a definição e usá-la para provar que é de fato bonito. Mas não está apenas tentando se aproveitar das palavras de Critóbulus para ganhar o concurso de beleza por meios desonestos. Na verdade, ele não está em absoluto tentando ganhar. Enquanto finge disputar o concurso, Sócrates está, na realidade, fazendo uma outra coisa. Ao adotar brincalhonamente a definição de Critóbulus, Sócrates demonstra que Critóbulus não conseguiu chegar ao fundo do que a beleza é. Ela não pode ser definida em termos de conveniência e utilidade apenas, uma vez que isso implicaria que os traços característicos de Sócrates são belos, o que todos sabem que não é verdade. Portanto, enquanto finge ironicamente convencer Critóbulus de sua beleza, Sócrates estabelece o resultado negativo de que a beleza não pode ser o que Critóbulus diz que ela é.

Sócrates frequente e incansavelmente negava saber qualquer coisa, fosse sobre a beleza, a virtude e a justiça, ou sobre o que quer que fosse que estivesse sendo discutido. Essa assumida ignorância era sua marca registrada. Como sua brincalhona alegação de beleza pessoal, essas negações eram parcialmente irônicas, embora tivessem um propósito mais sério. Ainda que ele sempre afirmasse não ter nada para ensinar, suas atividades eram muito semelhantes às dos que ensinam – o bastante para obrigá-lo a comparecer diante dos tribunais como um professor de influência maligna.

Volto-me agora para o julgamento de Sócrates e para a sua defesa, que mostram exatamente o que o tornou tão impopular diante de alguns conservadores atenienses e tão popular para a maior parte dos filósofos subsequentes.

O julgamento de Sócrates ocorreu em 399 a. C., quando estava com aproximadamente setenta anos de idade. As acusações foram: a de que ele se recusou a reconhecer os deuses oficiais do Estado, a de que introduziu novos deuses e a de que corrompeu os jovens. Havia um fundo político sólido para o julgamento, mas isso não significa que as acusações fossem uma farsa e que o julgamento tenha de fato sido político. Política, religião e educação estavam todas entrelaçadas no caso, e, independentemente de como este fosse visto, Sócrates estava dizendo as coisas erradas na hora errada.

Em 404 a. C., cinco anos antes do julgamento, uma guerra de 27 anos entre Atenas e Esparta havia terminado com a derrota de Atenas. A democracia ateniense havia sido deposta e substituída por um grupo de homens, mais tarde conhecidos como os Trinta Tiranos, que foram empossados por Esparta. Querendo fazer seus nomes, os Tiranos assassinaram tantas pessoas que só permaneceram um ano no poder, embora a democracia não tenha sido restaurada antes de 401 a. C. Compreensivelmente, os democratas ainda estavam se sentindo inseguros em 399 a. C. Havia razões suficientes para estarem apreensivos com a presença de Sócrates na cidade.

Dois de seus velhos amigos estavam envolvidos na tirania. Um deles, Crítias, líder dos Trinta, era um homem particularmente sanguinário. O outro, Cármides, era um de seus representantes (ambos, casualmente, eram parentes de Platão). Por sua vez, Alcebíades também já tinha se transformado em um risco. Aristocrata voluntarioso e arrogante, foi acusado de escandalosos atos sacrílegos e de profanação – cometidos, talvez, quando "embriagado". Alcebíades soube dessas acusações quando estava em uma expedição militar na Sicília. Ao invés de voltar para enfrentá-las, ele desertou e traiçoeiramente lutou do lado de Esparta. Nada disso caía bem para o antigo mentor desses homens, Sócrates.

Em 403 a. C., entretanto, uma anistia política havia sido declarada em Atenas, de modo que não teria sido possível indiciar Sócrates com acusações explicitamente políticas, mesmo que alguém o quisesse fazer. Além disso, havia causas mais profundas envolvendo a sua influência. Durante a longa guerra com Esparta, os atenienses foram ficando cada vez mais irritados com os civis que permaneciam no continente. Acreditava-se que os intelectuais estivessem enfraquecendo a sociedade ateniense abalando suas visões e valores tradicionais. Não é de se admirar que um homem que cativou jovens ociosos com seu questionamento sobre a justiça levantasse suspeita. O fato de ter existido uma caricatura hilária de Sócrates como um professor cheio de si e ao mesmo tempo subversivo em uma peça de Aristófanes, encenada em Atenas 24 anos antes, não melhorava a situação. E, fosse qual fosse a verdade contida no boato de que Sócrates não acreditava nos deuses tradicionais – ele parecia negar a acusação, mas não convincentemente –, não havia nenhuma dúvida de que ele tinha um modo não ortodoxo de abordar a divindade. A maneira como ele falava sobre o seu *daimonion*, seu "espírito guardião" ou "sinal divino" pessoal, dava motivos suficientes para a preocupação de que ele de fato "introduziu novos deuses", como é dito no processo. Esse teria sido provavelmente um pecado atroz contra a instável democracia. O Estado por si só tinha o poder de dizer o que era um objeto adequado para a veneração religiosa; tinha seus próprios procedimentos para oficialmente reconhecer deuses, e qualquer um que os ignorasse estaria de fato ameaçando a legitimidade do Estado democrata. Tudo isso Sócrates teve de enfrentar quando estava na presença dos 500 cidadãos atenienses que iam julgá-lo.

Platão estava presente ao julgamento; a *Apologia* (ou "discurso de defesa") *de Sócrates*, escrito por ele poucos anos depois, foi provavelmente uma de suas primeiras obras. Há razões para se acreditar que, nessa obra, Platão teria se esforçado bem mais em representar o verdadeiro Sócrates do que em obras subsequentes, embora ele não necessariamente tenha tentado reproduzir as palavras exatas de Sócrates. De modo que vou me basear em Platão (como fiz na maior parte das informações dadas sobre Sócrates até aqui). Não há outra alternativa. O Sócrates da *Apologia* de Platão é o único Sócrates que existe, ou existiu, para quase toda a história da filosofia.

Do ponto de vista jurídico, o discurso de Sócrates é um fiasco. Ele começa dizendo que não possui nenhuma habilidade como orador; esse é um movimento retórico inicial padrão, mas, nesse caso, teríamos de concordar com ele, se o seu objetivo ao falar era simplesmente o de ser libertado. Quase tudo o que diz para rebater as acusações oficiais é ou irrelevante ou não persuasivo. Por exemplo, sobre a questão da religião, limita-se a zombar de seu acusador. Faz que este se contradiga, provocando-o a dizer que Sócrates é um completo ateu, que não acredita em nenhum deus absolutamente. Mas se fosse assim, Sócrates observa, como poderia também ser acusado de introduzir novos deuses? Para a acusação de que corrompia a juventude, Sócrates dá a resposta intricada e nada convincente de que não poderia intencionalmente ter feito uma tal coisa, uma vez que isso teria sido contra seus próprios interesses. Corromper alguém é feri-lo, diz, e, quando se fere alguém, esse alguém vai tentar feri-lo de volta. Donde, ele claramente não teria jamais corrido esse risco. Ora, esse argumento não é capaz de persuadir ninguém.

Sócrates sabia que seus juízes já tinham um preconceito contra ele graças às calúnias de Aristófanes, e pôs-se a corrigir essas falsas impressões. Ele não é, diz, um homem que ensina por dinheiro, como os "sofistas" profissionais com quem Aristófanes o confundia. Isso parece ter sido suficientemente verdadeiro: não cobrava um tostão. Mas trabalhava pelo seu jantar. Aceitava a hospitalidade em tácita barganha por sua edificante conversação e aparentemente não tinha nenhum outro tipo de ganha-pão. Consequentemente, o modo como ganhava a vida não era realmente muito diferente daquele dos sofistas – tampouco ambos os modos de vida seriam considerados como inerentemente suspeitos hoje em dia. Sócrates também tentou desfazer a calúnia de que ensinava pessoas a vencer argumentos por meio de trapaça quando não tinham razão. Longe disso, protestou ele, pois não sabia o suficiente para ensinar a ninguém qualquer coisa.

Esse é o tema central da *Apologia*, que é mais uma defesa geral de seu modo de vida do que uma refutação das acusações oficiais. O principal ponto dessa defesa é a afirmação de Sócrates ter positivamente beneficiado os atenienses submetendo-os ao seu interrogatório filosófico, mas que os atenienses, não tendo se dado conta desse fato, simplesmente se enraiveceram com ele, razão pela qual acabou sua vida em um julgamento.

Sócrates diz que está satisfazendo os desejos dos deuses quando sai por aí e interroga as pessoas. Certa vez, um amigo seu foi ao oráculo de Delfos e perguntou se havia algum homem mais sábio do que Sócrates. Não, foi a resposta que atirou Sócrates em uma assustadora confusão – ao menos é o que ele diz; pois sempre sustentou que não era absolutamente sábio. "Depois de ficar perplexo por algum tempo, decidi finalmente, com uma considerável relutância, checar a verdade sobre isso."[10] Sócrates então pôs-se a interrogar todo tipo de gente que tivesse a reputação de possuir sabedoria ou conhecimento especializado. Mas sempre se desapontava, pois parecia que não havia ninguém cuja alegada sabedoria pudesse resistir ao seu interrogatório. Era sempre capaz de refutar os esforços de outros em apresentar alguma tese própria, em geral apontando alguma consequência indesejada ou inesperada de suas opiniões; também interrogou os poetas, mas estes não eram capazes sequer de elucidar seus poemas de modo satisfatório. Após um desses encontros:

> refleti à medida que me afastava, bem, sou certamente mais sábio do que esse homem. É muito provável que nenhum de nós tenha qualquer conhecimento de que se gabar, mas ele acha que sabe alguma coisa que não sabe, enquanto eu estou absolutamente consciente de minha ignorância. De qualquer modo, parece que quanto a esse pequeno detalhe, sou um pouco mais sábio do que ele: eu não acho que sei o que não sei.[11]

Foi então que ele começou a compreender o que o oráculo deve ter querido dizer:

> quando quer que eu seja bem-sucedido em invalidar a alegação de sabedoria de uma outra pessoa em determinado assunto, os que estão à volta assistindo assumem que eu sei tudo sobre o assunto. Mas a verdade, cavalheiros, é muito mais a seguinte: a de que a verdadeira sabedoria é propriedade de Deus, e esse oráculo é o seu modo de nos dizer que a sabedoria humana tem pouco ou nenhum valor. Parece-me que ele não está se referindo a Sócrates

10 Platão, *Apologia*, 21b (CDP, p.7).
11 Ibidem, 21d (CDP, p.7).

> particularmente, mas usou meu nome meramente como um exemplo, como se ele quisesse nos dizer: o mais sábio dentre vós, homens, é aquele que, como Sócrates, se deu conta de que, no que diz respeito à sabedoria, ele não tem realmente nenhum valor.[12]

Em outras palavras, a superioridade da sabedoria de Sócrates reside no fato de somente ele estar consciente do quão pouco sabe. Evidentemente, há um pouco mais a se dizer sobre a sabedoria de Sócrates, como ele mesmo é levado a admitir, em algum outro lugar, nos diálogos de Platão. Embora afirme, "os argumentos nunca vêm de mim, eles sempre vêm da pessoa com quem estou conversando",[13] reconhece que está "em ligeira vantagem sobre os outros por ter a habilidade de extrair alguma explicação do assunto da sabedoria de um outro e de nutri-la com um belo tratamento". Ele acertadamente descreve a si mesmo como uma parteira intelectual, cujo questionamento traz os pensamentos de outros à luz. Mas essa habilidade para elucidar e debater, a qual obviamente possui em abundância, não é, em se tratando de Sócrates, uma forma de verdadeira sabedoria. Para Sócrates, a verdadeira sabedoria é o conhecimento perfeito acerca de assuntos éticos, acerca de como se deve viver. Quando Sócrates alega ignorância, quer dizer ignorância acerca dos fundamentos da moral; não está afirmando nenhum tipo geral de ceticismo sobre os assuntos corriqueiros. Sua preocupação é unicamente com a reflexão ética, e não pode, com uma clara consciência, abandonar a missão de encorajá-la nos outros:

> Se eu disser que isso é desobediência a Deus, e que essa é a razão por que não posso "cuidar da minha própria vida", vós não ireis acreditar que falo sério. Se, por outro lado, eu vos disser que não deixar passar um único dia sem discutir o que é bom e todos os

12 Ibidem, 23a (CDP, p.9).
13 Platão, *Teeteto*, 161a (CDP, p.866).

outros assuntos acerca dos quais vós me ouvis conversar e examinar, tanto em mim mesmo quanto nos outros, é realmente a melhor coisa que um homem pode fazer, e que a vida sem esse tipo de exame não vale a pena ser vivida, vós estareis ainda menos inclinados a acreditar em mim. E, apesar disso, é assim que é.[14]

Suas referências pias à sabedoria de Deus (às vezes, se refere a um único Deus, outras, a deuses) são aptas a encobrir o quanto sua atitude para com a divindade era pouco convencional. Quando diz que apenas Deus possui sabedoria, parece estar querendo dizê-lo figurativamente, do mesmo modo que alguém pode dar de ombros e dizer "Deus é quem sabe". Pois considere-se o modo como ele interpreta as palavras de Deus e tenta extrair delas indícios para a "Sua" sabedoria. A voz do oráculo de Delfos era tão autenticamente divina quanto qualquer outra: ainda assim, Sócrates não só não a aceitou, como ainda se pôs a "checar a sua verdade". Sócrates diz, em algum outro lugar, "sempre fez parte da minha natureza nunca aceitar conselho de nenhum de meus amigos, a menos que a reflexão mostre que esse é o melhor caminho que a razão oferece";[15] ele parece ter adotado exatamente a mesma atitude com relação ao conselho de Deus. Uma vez introduzido ao pronunciamento divino de que nenhum homem é mais sábio do que Sócrates, ele se recusa a atribuir-lhe de imediato um valor, até ter a certeza de que um verdadeiro sentido possa ser aí encontrado.

Sócrates parece tergiversar quando se refere à sua missão como divina, porque o oráculo délfico não lhe disse explicitamente que deveria ir em frente e filosofar. Ele diz, em determinado momento, que sua missão de examinar e interrogar foi assumida "em obediência aos comandos de Deus que lhe foram dados por meio de oráculos e de sonhos, e de todo outro tipo de coisa em que a revelação divina já se manifestou

14 Platão, *Apologia*, 37e (CDP, p.23).
15 Platão, *Críton*, 46b (CDP, p.31).

para determinar uma tarefa para o homem".[16] Mas quando prossegue dizendo que esta sua afirmação é verdadeira "e fácil de se verificar", sua verificação consiste meramente em argumentar que sua missão é moralmente uma boa coisa, não fornece nenhuma evidência de que foi Deus quem o mandou realizá-la. Ele provavelmente chegou mais perto do âmago da questão quando disse "Quero que penseis em minhas aventuras como uma espécie de peregrinação realizada para estabelecer a verdade do oráculo de uma vez por todas".[17] Foi a sua consciência e a sua inteligência que o mandaram interrogar aqueles que acreditavam ser sábios. Era capaz de alegar que isso "ajuda a causa de Deus", porque tais atividades ajudam a confirmar o pronunciamento délfico de que ninguém é mais sábio do que Sócrates. Mas o dizer de Deus é, em grande parte, um pretexto que serve para marcar o alto propósito moral de Sócrates e para ganhar a aprovação de seus ouvintes. Seu motivo básico para filosofar era simplesmente o de que isso lhe parecia ser a coisa certa a fazer.

Sócrates diz que foi influenciado em suas ações pelo que ele chama de *daimonion*, um espírito guardião ou voz que o acompanhava desde a infância. Essa parece ter sido a divindade não ortodoxa ou os "novos deuses" referidos nas acusações contra ele. Mais uma vez, o conselho do *daimonion* é tratado como um conselho para ser avaliado antes de ser endossado, como os conselhos dos amigos ou as palavras do oráculo de Delfos. A voz do *daimonion* é muito claramente o que nós chamaríamos hoje de a voz da prudente consciência. Ele diz que "quando ela vem é sempre para me dissuadir do que me proponho a fazer, nunca para me impelir".[18]

O espírito guardião o avisou para ficar fora de qualquer envolvimento político, diz, porque, se tivesse feito de si mes-

16 Platão, *Apologia*, 33c (CDP, p.19).
17 Ibidem, 22a (CDP, p.8).
18 Ibidem, 31d (CDP, p.17).

mo uma figura pública, teria sido assassinado muito antes de ter conseguido fazer tanto bem. Essa é a razão por que escolheu servir às pessoas privadamente:

> eu gasto todo o meu tempo tentando persuadir-vos, jovens e velhos, a fim de fazer que vossa primeira e principal preocupação seja não com vossos corpos ou com vossas posses, mas com o máximo bem-estar de vossas almas, proclamando como eu faço, que a riqueza não traz o bem, mas o bem traz a riqueza e todo tipo de bênção, tanto para os indivíduos quanto para o Estado.[19]

Essa persuasão pareceu, algumas vezes, ter sido bastante incômoda. Sócrates sugere aos atenienses que eles deveriam estar "envergonhados de estar se preocupando em ganhar o máximo de dinheiro possível, e, similarmente, o máximo de reputação e honra, e de não se preocupar absolutamente ou dedicar um só pensamento à verdade, à compreensão e à perfeição de vossas almas".[20] Ele deve tê-los especialmente incomodado quando disse, durante o seu julgamento, que acreditava estar prestando aos atenienses "um enorme favor", mostrando-lhes os erros de suas atitudes. Isso foi em um estágio do processo em que já havia sido considerado culpado e já havia sido intimado a argumentar em favor de uma penalidade adequada, para se opor à proposta da acusação de que fosse executado. Tipicamente, ele trata essa responsabilidade com ironia. O que realmente merece por prestar aos atenienses esse favor, diz, não é uma punição, mas uma recompensa; refere-se às refeições grátis para o seu sustento à custa do Estado. Uma tal honra era geralmente reservada para os vencedores dos jogos olímpicos e coisas do gênero; bem mais do que estes, diz, ele merece essa honra, porque "o que essa gente vos dá é a aparência do sucesso, enquanto eu vos dou a realidade".[21] Termina essa parte do discurso sugerindo que

19 Ibidem, 30a (CDP, p.16).
20 Ibidem, 29e (CDP, p.16).
21 Ibidem, 36e (CDP, p.22).

lhe seja aplicada uma multa em lugar da pena proposta, e isso ele faz instigado por Platão e outros amigos que se oferecem a pagá-la. Mas os atenienses já haviam perdido a paciência. Eles votaram pela pena de morte por uma grande maioria, maior do que aquela que o havia considerado culpado. Isso significa que alguns deles, o tendo previamente considerado inocente, ficaram tão enraivecidos com o seu atrevimento que ou bem mudaram de opinião, ou bem decidiram livrar-se dele de qualquer maneira.

Conta uma outra história que Sócrates estava deixando a corte, quando um devotado, porém não muito brilhante admirador, chamado Apolodoro,[22] lamentou-se dizendo que a coisa mais dura para ele suportar era que Sócrates estava sendo injustamente condenado à morte. "O quê?" disse Sócrates, tentando confortá-lo, "tu preferirias que eu fosse condenado à morte com justiça?"

Quanto à sua perspectiva de vida, Sócrates, segundo ele próprio diz, já era bem velho e estava perto da morte de qualquer maneira, e já havia tido uma vida boa e útil. Além disso:

> ter medo da morte é apenas um outro modo de pensar que se é sábio quando não se é ... Ninguém sabe, com relação à morte, se ela é realmente a maior bênção que pode acontecer a um homem, mas as pessoas têm pavor dela, como se estivessem certas de que ela é o grande mal, e essa ignorância, que pensa que sabe o que não sabe, deve ser certamente a ignorância mais repreensível ... e se eu fosse alegar que sou mais sábio do que meu vizinho, a respeito de qualquer coisa, eu diria o seguinte ... que não possuindo nenhum conhecimento verdadeiro do que vem após a morte, eu também estou consciente de que não possuo conhecimento algum a esse respeito.[23]

Se houvesse uma vida após a morte, acrescentou ele, teria a chance de encontrar "heróis do passado que encontraram

22 Xenofonte, *Apologia de Sócrates*, 28.
23 Platão, *Apologia*, 29a (CDP, p.15).

suas mortes em um julgamento injusto, e comparar meu destino com o deles – o que seria bastante divertido".[24]

Em razão de seu modo de falar da ignorância, e de sua insistência de que ele meramente agiu como uma parteira para as ideias dos outros, Sócrates tinha realmente crenças muito próprias. Infelizmente, nunca as escreveu. Pois uma dessas crenças era a de que a filosofia é uma atividade íntima e colaborativa; é um assunto para ser discutido entre pequenos grupos de pessoas que argumentam juntas com a finalidade de que cada uma possa encontrar a verdade para si própria. O espírito desse passatempo não pode ser captado com exatidão em uma palestra ou em um tratado. Essa é uma das razões por que Platão e Xenofonte (e muitos outros de seus contemporâneos, cujas obras estão agora perdidas) decidiram apresentar o ensinamento de Sócrates sob a forma de diálogos. O diálogo foi o seu *métier* e o diálogo se tornaria o seu monumento.

Há quatro testemunhas centrais para os pensamentos íntimos de Sócrates: Platão, Xenofonte, Aristófanes e Aristóteles. Nenhum desses homens é exatamente o que um historiador desejaria que fosse. Platão tem muito mais a dizer sobre o assunto, mas, como um guia objetivo de Sócrates, ele peca por tê-lo praticamente venerado. É muito provável, portanto, que ele tenha exagerado no que considerava serem as maiores qualidades de Sócrates. Além disso, no decorrer de uns quarenta anos de pensamento e ensinamento, durante os quais as ideias de Platão naturalmente mudaram muito, ele homenageou Sócrates utilizando-o como um porta-voz. Para Platão, Sócrates era preeminentemente sábio, de modo que, quando quer que algo parecesse a Platão ser sábio, ele o colocava na boca de Sócrates. O próprio Platão – ou talvez um associado próximo – descreveu certa vez seus diálogos como "o trabalho de um Sócrates embelezado e moderni-

24 Ibidem, 41b (CDP, p.25).

zado".[25] Isso nos traz um duplo problema, porque não apenas o Sócrates dos diálogos platônicos frequentemente fala mais por Platão do que por si próprio, como também Platão faz que ele diga coisas bastante diferentes nos diversos estágios de sua carreira literária.

O que dizer das outras três testemunhas? As falhas de Xenofonte como referência são bastante diferentes. Ele não era (como Platão) exatamente um filósofo para atuar como um guia para Sócrates, mas, ao contrário, de filósofo ele tinha muito pouco. Não é crime ser um general reformado que se transforma em fazendeiro, mas um tal homem não é talvez o guardião mais seguro da chave para um dos maiores pensadores do mundo. Xenofonte de modo implausível usa a figura de Sócrates para dar a sua própria opinião sobre cultivo e sobre táticas militares; também o retrata como um virtuoso enfadonho e convencional. "Toda a sua conduta privada era legal e prestimosa: ele prestava uma obediência tão escrupulosa às autoridades públicas em tudo o que era exigido pela lei, tanto na vida civil quanto no serviço militar, que era um modelo de boa disciplina para todos."[26] Um importante estudioso de filosofia antiga compreensivelmente se referiu a Xenofonte como "aquele velho antiquado e pedante".[27] Para fazer justiça a Xenofonte, é necessário dizer que qualquer um que admirasse um excêntrico como Sócrates tanto quanto ele admirava, não poderia ser tão antiquado assim. Mas Xenofonte não era certamente um Sócrates, e pode, muitas vezes, não ter conseguido apreender tanto a estranheza de seu caráter quanto o que ele estava tentando alcançar. Se Xenofonte se esforçou em fazer de Sócrates um nobre e respeitável companheiro, por sua vez, o teatrólogo Aristófanes se esforçou em fazer justo o contrário. Seu Sócrates é um bobo burlesco que

25 Platão, *Carta II*, 314c (CDP, p.1567).
26 Xenofonte, *Memorabilia IV* (trad. E. C. Marchant, LCL. p.309).
27 Jonathan Barnes, *The Presocratic Philosophers*, Routledge, 1982, p.448.

se intriga com questões do tipo "quem nasceu primeiro, o ovo ou a galinha?". A inabilidade de Aristóteles em descrever Sócrates está simplesmente dada: ele nasceu quinze anos atrasado.

Contudo, é ainda Aristóteles que possui uma pista fundamental. Embora nunca tenha ouvido as opiniões de Sócrates em primeira mão, estudou por uns vinte anos na Academia de Platão e teve bastante oportunidade de ouvir as visões de Platão do próprio Platão. Ele estava portanto em posição de distinguir o pensamento dos dois homens. Em grande parte, o testemunho de Aristóteles permite que se subtraia Platão de seus próprios diálogos e que se veja o Sócrates remanescente. Além disso, Aristóteles não reverenciava Sócrates tanto quanto Platão e, portanto, era capaz de dar uma visão desapaixonada de seus ensinamentos.

O fato de as quatro principais fontes para Sócrates serem tão diferentes acaba se transformando em vantagem. Isso significa que as características que são comuns aos diferentes relatos são as mais prováveis de serem as autênticas. E, quanto mais sabemos sobre cada um desses quatro e sobre o que eles tinham em mente, mais fácil torna-se descontar suas tendências e ver o verdadeiro Sócrates vagueando por trás. Seguindo essas pistas, os estudiosos modernos conseguiram juntar várias peças da filosofia do homem que literalmente argumentou em favor da própria morte.[28]

É mais simples considerar as visões de Sócrates em relação às de Platão. A data aproximada dos diálogos de Platão, somada a alguma informação sobre a sua vida, torna possível retraçar seus passos em uma jornada intelectual que começou na companhia de Sócrates, mas que acabou por deixar este último muito para trás. Inicialmente, Platão, na maioria das vezes, limitava-se a recriar as conversações de seu venerado

---

28 Ver, especialmente, Gregory Vlastos, Socrates: Ironist and Moral Philosopher, Cambridge, 1991; *Socratic Studies*, Cambridge, 1994.

mestre. Gradualmente, pitagóricos e outras correntes místicas foram sendo acrescentados às ideias de Sócrates, à medida que Platão, crescentemente, sofria a influência dos pitagóricos italianos. E, finalmente, Platão atingiu um ponto em que invocava o nome de Sócrates para expor todo e qualquer tipo de assunto.

As discussões importantes do Sócrates verdadeiro diziam respeito exclusivamente a como se deve viver. Elas eram, na sua maior parte, sobre as virtudes, as quais, se dizia, eram convencionalmente cinco: coragem, moderação, piedade, sabedoria e justiça. Sua missão era instigar as pessoas a cuidar de suas almas, tentando compreender e adquirir essas qualidades. Essa tarefa era suficiente para manter Sócrates ocupado, mas Platão era bem mais ambicioso quando falava em nome de seu mestre. Ele escreveu muitos diálogos que não focalizam a moral absolutamente, mas que, geralmente, ainda mantêm Sócrates como interlocutor principal. Por exemplo, a *República* de Platão começa com uma discussão sobre a justiça, mas termina tocando em praticamente tudo o que interessava a Platão.

Mesmo quando o Sócrates real fazia questão de dizer que não tinha uma pista, Platão frequentemente lhe atribuía firmes opiniões. Por exemplo, Sócrates achava que o que acontece depois da morte é uma questão em aberto. Mas, no *Fédon*, que pretende reproduzir as últimas palavras de Sócrates antes de ele beber a cicuta na prisão, Platão faz com que ele produza um verdadeiro arsenal de provas em favor da imortalidade da alma.

Platão parece ter tido poucas dúvidas sobre o que aconteceria depois da morte; acreditava que a alma fosse separável do corpo, que ela existia antes do nascimento e que ela definitivamente continuaria a existir depois da morte. Sob a influência pitagórica, sustentava que, enquanto estava ligada a um corpo físico durante a vida, ela conduzia uma existência corrompida e inferior, da qual necessitava ser "purificada" e "libertada das correntes do corpo".[29] De acordo com Platão, nesse diálogo, o que o bom homem pode esperar usufruir depois da morte é a reunificação, ou, ao menos, a comunhão, com aquelas formas de existência incorpóreas e superiores que são convencionalmente chamadas de "as divinas". O filósofo, em particular, deveria considerar o total de sua vida como uma preparação para a abençoada libertação da morte. Como vimos, Sócrates vivia uma vida instável, miserável e não convencional, a qual, certamente, não era nada mundana. Mas Platão positivamente pertencia a um outro mundo, o que é uma coisa bastante diferente (e, na verdade, ele levou uma existência das mais confortáveis antes de escapar das correntes de seu bem alimentado corpo).

Sócrates investigava as virtudes porque se sentia moralmente obrigado a fazê-lo, no aqui e no agora. A vida terrena impunha seus próprios deveres, trazia suas próprias bênçãos e não era simplesmente uma preparação para alguma outra coisa. Os motivos de Platão eram menos objetivos, porque ele tinha no mínimo um olho fixado em algo além. Uma crença sobre a virtude que os dois homens tinham em comum é a de que a busca do bem não é apenas uma questão de agir de certos modos, mas é também um projeto intelectual. Apesar disso, eles viam esse projeto de modos diferentes. Sócrates acreditava que vir a compreender as virtudes era uma precondição necessária para possuí-las. Um homem só poderia ser verdadeiramente virtuoso se conhecesse o que a virtude é, e o único modo de adquirir um tal conhecimento era examinando as explicações de virtudes particulares. Essa era a razão por que Sócrates saía interrogando as pessoas e argumentando com elas. Platão acreditava nessa busca argumentativa, mas ele também a interpretava como algo quase místico. Enquanto Sócrates via a busca pelas definições como um meio para atingir um fim, a saber, como o exercício da virtude, Platão via essa busca como um

29 Platão, *Fédon*, 67c-d (CDP, p.50).

fim em si mesmo. Procurar uma definição era, para Platão, buscar a Forma ideal, eterna, imutável do que quer que se estivesse discutindo; a contemplação dessas Formas era ela mesma o mais alto bem. Era isso que para ele importava no interrogatório socrático e era isso que este deveria visar.

Para Platão, a filosofia era o degrau para esse elevado mundo das Formas, mas nem todos podiam galgá-lo. Seus mais altos níveis eram reservados para aqueles que fossem especialmente talentosos no argumento dialético, uma elite, como a dos iniciados em seitas religiosas, ou a dos seguidores de Pitágoras que foram informados dos segredos do mestre. Sócrates tinha uma visão mais igualitária do conhecimento e da virtude. A vida não examinada, como disse admiravelmente em seu discurso de defesa, não vale a pena ser vivida, e isso não é um destino a que ele quisesse condenar a todos exceto alguns escolhidos. Qualquer um poderia examinar a própria vida e as ideias e, portanto, levar uma existência mais digna. Sócrates ficava feliz em interrogar e argumentar com qualquer um, fosse um sapateiro ou um rei, e, para ele, era nisso que se resumia a filosofia. Ele teria sido de pouca utilidade para as Formas de Platão ou para as raras habilidades requeridas para encontrá-las.

Uma das coisas que conduziu Platão às misteriosas Formas foi seu fascínio pela matemática, mais uma vez, um assunto pitagórico e, de novo, um ponto de diferença entre Sócrates e ele. Dizem que acima dos portões da Academia de Platão estavam escritas as seguintes palavras: "Nenhum ignorante em geometria é admitido aqui"; Aristóteles, mais tarde, reclamou que, para os seguidores de Platão, "a matemática tornou-se o total da filosofia"[30] – um comentário exagerado e mal-humorado, mas que não deixa de ter razão. O que impressionava Platão acerca dos objetos com que lidava a matemática,

30 Aristóteles, *Metafísica*, 992a32 (*The Collected Works of Aristotle* (CWA). J. Barnes (Ed.). Princeton University Press, 1984, p.1568).

tais como números e triângulos, era o fato de eles serem ideais, eternos, imutáveis e, agradavelmente, independentes das coisas terrenas, isto é, das coisas visíveis. Obviamente, ninguém pode ver ou tocar o número quatro: ele portanto existe em um diferente tipo de domínio, segundo Platão. E as linhas, triângulos, e outros tipos de objeto que aparecem nas provas matemáticas tampouco podem ser identificados com alguma coisa física. Linhas físicas particulares não passam de aproximações das linhas matemáticas ideais. Uma linha perfeita, por exemplo, não teria nenhuma espessura, mas qualquer linha visível, ou contorno de um objeto físico, sempre o terá. Uma vez maravilhado com a matemática, Platão ponderou que outros tipos de conhecimento deveriam copiá-la e ter também como preocupação objetos incorpóreos e ideais. Tais objetos do conhecimento eram as Formas.

Em um de seus diálogos, Platão usou um exemplo geométrico para investigar se o conhecimento das Formas, que para ele significava todos os tipos importantes de conhecimento, é adquirido antes do nascimento. As verdades da razão pura, tais como as da matemática, não são descobertas novas, mas são arduamente rememoradas de uma existência anterior, na qual a alma era desencarnada e podia contatar as Formas diretamente. De modo que, estritamente falando, ninguém aprende essas verdades absolutamente: é preciso se esforçar para rememorá-las. Quando uma alma entra em um corpo, o conhecimento que ela previamente possuía lhe escapa da memória: como escreveu Wordsworth, em seu *Intimations of Immortality*, "nosso nascimento não é outra coisa senão um dormir e esquecer".[31] Wordsworth não estava particularmente pensando em geometria, mas gostava da ideia geral. Para ilustrar essa teoria, Platão faz "Sócrates" extrair um conhecimento aparente de geometria de um jovem escravo analfabeto. Isso é feito para confirmar a ideia platônica de que algum conheci-

31 Wordsworth, *Intimations of Immortality V*, (1807).

mento é rememorado de uma existência anterior e para mostrar por que o ensinamento de Sócrates é de fato semelhante, como Sócrates alegava, a um verdadeiro parto.

O problema que "Sócrates" dá ao escravo para resolver é o de determinar os lados de um quadrado de uma dada área. Ele começa desenhando um quadrado, cujos lados têm dois pés de comprimento, e cuja área é portanto quatro pés quadrados, e pergunta quanto deveriam medir os lados, se sua área fosse, ao invés, oito pés quadrados. Inicialmente, o escravo ignorantemente pondera que os lados deveriam ser duas vezes mais longos do que os do quadrado original, isto é, quatro pés. Desenhando um outro diagrama, "Sócrates" mostra rapidamente a ele que seu cálculo deve estar errado, uma vez que a área de um tal quadrado seria não oito, mas dezesseis pés quadrados. O escravo fica surpreso em aprender que não sabe tanto quanto pensava que sabia. "Sócrates" observa nesse momento: "nós o ajudamos, em certa medida, a encontrar a resposta certa, pois agora ele não é apenas um ignorante com relação a ela, mas ficará bastante feliz em procurá-la".[32] Em seguida, com a ajuda de outros diagramas, e fazendo as perguntas certas sobre eles, Sócrates gradualmente conduz o escravo a descobrir a resposta por si mesmo: os lados de um triângulo com duas vezes a área do original teriam de ter a mesma largura que uma diagonal desenhada através do quadrado original – o que, na verdade, pode ser reduzido ao famoso teorema de Pitágoras. Bingo: uma vez que Sócrates não disse uma só vez do que se tratava, então, o escravo, por certo, já o "conhecia".

Esse pequeno e insignificante episódio, na verdade, não prova a teoria da reminiscência de Platão, como o próprio Platão reconheceu. Mas a história ilustra uma tese distintamente socrática sobre o conhecimento e sobre como ele pode ser partilhado. As questões de Sócrates para o escravo são de fato

32 Platão, *Menon*, 84b (CDP, p.368).

questões dirigidas (e os diagramas ajudam também), e, não obstante, é verdade que o escravo passa a ver a resposta por si mesmo. A resposta não foi simplesmente dita a ele da mesma forma que se diz a alguém quantos pés há em uma jarda ou qual é a capital da Grécia. Ele passou a apreciar alguma coisa com suas próprias faculdades intelectuais. Donde, Sócrates pôde, modestamente, fazer a sua costumeira alegação de que ele próprio não transmitia nenhum conhecimento, mas apenas agia como uma parteira para retirá-lo de uma outra pessoa. E há ainda uma outra coisa: como Sócrates observa, para que o escravo conheça essa parte da matemática adequadamente, não é suficiente trabalhar com o exemplo apenas uma vez:

> No momento, essas opiniões [as do escravo], tendo quase aflorado, têm uma qualidade de sonho. Mas, se as mesmas questões forem colocadas para ele, em muitas ocasiões e de modos diferentes, tu verás que, ao final, ele terá um conhecimento tão apurado do assunto quanto qualquer outra pessoa ...
>
> Esse conhecimento não virá de nenhum ensino e sim do questionamento. Ele vai recuperá-lo para si próprio.[33]

Repetidas doses do questionamento socrático são necessárias. Em outras palavras, o que o escravo necessita é exatamente o tipo de tratamento que o Sócrates real oferecia à grande maioria dos ingratos atenienses. Como ele diz na *Apologia*, se alguém alega ter conhecimento sobre o bem, "Eu o questionarei, examinarei e testarei".[34] Assim, em sua história imaginária de ajuda da rememoração, Platão nos oferece uma ilustração notável do tipo de coisa que Sócrates estava fazendo quando alegava estar ajudando as pessoas a liberar suas opiniões próprias. É como se Sócrates estivesse extraindo e firmando algum conhecimento que já estava lá.

33 Ibidem, 85c (CDP, p.370).
34 Platão, *Apologia*, 29e (CDP, p.16).

Tudo isso se aplica bem ao exemplo que Platão dá de seus amados triângulos e quadrados. Não é difícil acreditar que um interrogador hábil possa levar um aluno a apreciar uma verdade matemática sem explicitamente ter-lhe enunciado essa verdade – qualquer um que já teve um bom professor reconhecerá essa experiência. Mas o que dizer de assuntos tais como a justiça e as outras virtudes, que são os que interessavam ao Sócrates real? Ética é mais complicado do que matemática; ela não parece ter, em lugar algum, qualquer prova a oferecer. Então, é de se presumir que o trabalho de aprendizado da virtude será muito diferente do trabalho de aprendizado da matemática.

Sócrates sabia disso, não tinha nenhuma ilusão com relação a ser capaz de provar conclusivamente quaisquer doutrinas éticas. A realidade é justo o contrário, pois ele estava sempre insistindo sobre sua própria incerteza e sobre o caráter tentativo de suas investigações. Por exemplo, antes de começar a defesa de uma tese, ele admite: "Algumas vezes, entretanto, sou da opinião contrária, pois minhas ideias sobre esse assunto são totalmente confusas, uma condição obviamente ocasionada pela ignorância".[35] Não há dúvida de que ele está errado em manter essa tese agora, diz ao seu interlocutor, "mas vamos acompanhar o argumento aonde quer que ele nos conduza e, talvez, tu sejas capaz de me colocar no caminho certo". Quando Sócrates diz, antes, nesse mesmo diálogo, "Estou repleto de defeitos e sempre fazendo coisas erradas de um jeito ou de outro",[36] ele está apenas em parte sendo modesto. Mas ele sabia perfeitamente que não havia nenhuma prova no estilo matemático para a virtude.

Mas, e então? Teria Sócrates, alguma vez, chegado a algum lugar? Teria sido bem-sucedido em dar à luz algum conhecimento sobre a virtude? Em um certo sentido, sim. Ele consegue expor, se bem que indiretamente, uma série de visões

35 Platão, *Hippias Menor*, 372d (CDP, p.209).
36 Ibidem, 372b (CDP, p.209).

extraordinárias e definidas sobre a virtude para formar uma teoria da vida humana. Quanto à questão de ser ou não bem-sucedido em convencer seus ouvintes dessa teoria, a resposta é, em geral, não. Mas esse não é, de modo algum, o seu objetivo, porque não está absolutamente certo de que essa teoria esteja correta e, além disso, as pessoas devem, acerca de tais assuntos, encontrar seu próprio caminho para a verdade. Seu objetivo é testar as opiniões sobre a virtude, e isso se aplica tanto às suas próprias opiniões quanto às das pessoas com quem ele conversa. O teste é ser submetido à provação dialética: definições ou explicações de vários assuntos devem ser investigadas e a partir daí elucidadas, e o que quer que pareça sobreviver a tal questionamento deve ser provisoriamente aceito. Os resultados produzidos por essa abordagem são deficientes, com relação à verdadeira sabedoria, em vários sentidos. Mas essa é, no entanto, a melhor abordagem disponível. Tal investigação conduz a um tipo de conhecimento, de modo que as indisfarçadas negações de Sócrates de que ele sabe alguma coisa são, até certo ponto, irônicas.

A maior parte das investigações autenticamente socráticas nos diálogos de Platão termina sem estabelecer uma conclusão final. Sócrates ambiciosamente se põe a descobrir o que, digamos, a justiça é; ele argumenta por algum tempo; e depois, em geral, tem de ir para casa com as mãos aparentemente vazias. Mas ele não está de fato de mãos vazias. As discussões, em sua maioria, são bem-sucedidas, ao menos em revelar alguma coisa importante no caminho. Por exemplo, em um dos primeiros diálogos de Platão, Sócrates interroga um homem chamado Eutífron sobre a natureza da piedade ou santidade. Embora Sócrates não consiga estabelecer exatamente o que a piedade é, ele consegue mostrar alguma coisa de interessante sobre o que ela não é.

Os dois homens encontram-se do lado de fora dos tribunais de justiça, onde Eutífron está prestes a processar seu próprio pai por ter, não intencionalmente (embora talvez culposamente), provocado a morte de um escravo, o qual, por sua vez, havia também assassinado um outro escravo. Sócrates está surpreso de que Eutífron deseje levar adiante um tal caso. Eutífron insiste que, embora sua família considere uma coisa ímpia um filho processar o próprio pai por assassinato, sabe muito bem o que está fazendo. Seus familiares são ignorantes acerca do que é sagrado enquanto ele tem "um conhecimento apurado de tudo isso";[37] portanto, não tem nenhuma dúvida sobre a correção de seus atos. Sócrates desconfia da confiante sabedoria de Eutífron e pede que a compartilhe e diga o que a santidade é. Inicialmente, Eutífron diz que ela é o que os deuses amam. Mas Sócrates o faz ver que os deuses, uma vez que são sempre representados como tendo discordâncias ferozes entre si, provavelmente, nem sempre amam ou aprovam as mesmas coisas. O que isso quer dizer é que o fato de um deus aprovar ou não alguma coisa não pode ser o critério para se saber se essa alguma coisa é ou não sagrada: um deus pode aprovar uma determinada coisa, o outro não, em cujo caso nenhum dos dois seria mais sábio com relação à sua piedade. Então Sócrates e Eutífron corrigem a definição proposta e afirmam que sagrado é aquilo que todos os deuses concordam em aprovar. Mas agora ocorre uma questão a Sócrates: "É sagrado o que é sagrado porque os deuses o aprovam, ou será que eles o aprovam porque é sagrado?".[38]

Esta é uma excelente questão, tão boa de fato que, a princípio, Eutífron não a compreende. Ela se desdobra na seguinte: será que absolutamente qualquer coisa que os deuses aprovem deve ser considerada sagrada, simplesmente porque eles aprovaram, ou será que eles estão fadados a aprovar apenas determinadas coisas, a saber, aquelas que contam como sagradas, independentemente de terem sido ou não aprovadas por eles? Infelizmente, Platão não possuía o voca-

37 Platão, *Eutífron*, 5a (CDP, p.172).
38 Ibidem, 10a (CDP, p.178).

bulário para tornar a distinção absolutamente clara. Então, quando Sócrates tenta explicá-la, sua explicação se perde em questões gramaticais irrelevantes e não é totalmente convincente. Ainda assim, Sócrates parece ter descoberto um dilema sobre a relação entre a religião e a moral. Se fizermos o mesmo tipo de pergunta acerca do que é moralmente bom, ao invés de acerca do que é sagrado, seremos capazes de ver que estamos diante de uma escolha reveladora: ou o bem não pode ser explicado por referência simplesmente àquilo que os deuses querem, ou é uma tautologia vazia dizer que os deuses são bons – em cujo caso o apreço dos deuses seria simplesmente uma questão de idolatria do poder. Como disse Leibniz, no começo do século XVIII (quando os deuses já há muito haviam se reduzido a um único Deus):

> Aqueles que acreditam que Deus estabeleceu o bem e o mal por um decreto arbitrário ... privam Deus da designação de *bom*: pois, que causa alguém poderia ter para louvá-lo pelas coisas que ele faz, se, ao fazer alguma coisa bem diferente, ele a tivesse feito igualmente bem?[39]

O Sócrates do diálogo de Platão não desenvolve o argumento até esse ponto. Mas ele parece ter visto que os valores morais não podem simplesmente ser derivados de considerações acerca do que os deuses desejam, uma vez que isso despojaria os deuses (ou Deus) de qualquer autoridade distintamente moral. Eutífron aparentemente aceita o argumento, embora mais tarde hesite e se apresse para a corte, antes que se comprometa. Portanto, Sócrates é bem-sucedido em obter algum progresso útil, mesmo se ele, ao fim e ao cabo, não consegue fixar o assunto em questão.

Mesmo assim há algo ainda de não convincente com relação ao que Sócrates diz ser capaz de conseguir com argu-

39 Leibniz, *Teodiceia* (1710), 176 (traduzido por E. M. Huggard, Open Court, 1985, p.236).

mentos como esse. Pode o seu questionamento, ou melhor, qualquer tipo de empreendimento intelectual, realmente possuir os benefícios práticos que ele alega? Mesmo assim, ele nunca professa estabelecer a verdade completa sobre a virtude, e embora possamos concordar que ele, apesar disso, consegue fazer algum avanço intelectual, é difícil ver como suas interrogações possam ter o poder que ele parece creditar a elas. O problema reside em sua crença de que discutir as virtudes pode de fato levar alguém a tornar-se uma pessoa melhor. Isso não é um aparte casual: é justamente essa ideia que Sócrates invoca para justificar o fato de sujeitar as pessoas a sua tentativa de exame. É tudo para o bem de tais pessoas, acredita, não apenas porque essas discussões por si só possuem um valor, mas, principalmente, porque participar delas é o único caminho para a virtude pessoal. Isso soa, no mínimo, implausível. Certamente uma coisa é vir a saber que o princípio de uma ação é correto e outra, completamente diferente, é comportar-se de acordo com ele. Não poderia alguém descobrir todo tipo de coisa sobre as virtudes conversando com Sócrates e ainda assim ser mau? Como vimos, Crítias, Cármides, e, talvez, Alcebíades parecem ter feito exatamente isso.

Aristóteles, repetidas vezes, atacou Sócrates com as seguintes palavras: "Não devemos limitar nossa investigação do conhecimento do que ela [a virtude] é, mas estendê-la a como ela é produzida".[40] Ele acusou Sócrates de não ter conseguido distinguir entre questões práticas e questões teóricas:

> ele achava que todas as virtudes eram tipos de conhecimento, de modo que conhecer a justiça e ser justo vinham simultaneamente ... Consequentemente, ele investigava o que a justiça é, não como ou de onde ela surgia. Essa visão é correta no que diz respeito ao conhecimento teórico, pois não há nenhum outro

40 Aristóteles, *Magna Moralia*, 1182a4 (CWA, p.1868).

> objetivo na astronomia, na física ou na geometria, exceto o saber e contemplar a natureza das coisas, que são os assuntos dessas ciências ... Mas o objetivo das ciências práticas é diferente ... Pois não desejamos saber o que a coragem é, mas sermos corajosos, não o que a justiça é, mas sermos justos, do mesmo modo que desejamos ter saúde, mais do que saber o que a saúde é...[41]

Sócrates tinha um tipo de resposta para isso; poderia ter respondido a Aristóteles da seguinte maneira: "Tu não estás sendo justo comigo. A razão por que Crítias, Cármides e alguns outros alunos problemáticos não conseguiram ser virtuosos é simplesmente a de que eles não haviam ainda aprendido o suficiente sobre a virtude. Se ao menos tivéssemos ido mais longe em nossas discussões, eles teriam de fato se tornado justos. Portanto, enquanto eu concordo que nós não apenas desejamos saber o que a virtude é, como também desejamos ser nós mesmos virtuosos, meu ponto é que se realmente soubéssemos o que é a virtude, ela nos seguiria por sua própria vontade. Como eu costumo dizer, ainda não sei o que ela é; de modo que não posso ainda produzi-la em mim mesmo, o que dirá em outros. Essa é precisamente a razão por que precisamos continuar a procurá-la".

O principal argumento dessa resposta é bastante razoável. Não podemos dizer que a alegação de Sócrates sobre o que os seus métodos podem conseguir tenha sido refutada: ela não foi testada ainda, porque ele ainda não descobriu o que a virtude é. Mas, ainda assim, por que deveria alguém acreditar nele, quando ele diz que o conhecimento completo da virtude, se chegarmos algum dia a alcançá-lo, produziria por si só o comportamento virtuoso? Essa hipótese parece implausível, quando consideramos o quanto, em geral, as pessoas são fracas, egoístas e limitadas. As pessoas recorrentemente pensam que alguma coisa está moralmente errada,

41 Ibidem, 1216b2 (adaptado de CWA, p.1925).

mas a fazem de qualquer maneira. Por que deveríamos achar que elas seriam diferentes apenas sabendo um pouco mais?

Aristóteles achava que Sócrates pecava por fazer um retrato por demais simplista da psicologia humana: "Ele está deixando de lado a parte irracional da alma, e consequentemente está deixando de lado ambos: a paixão e o caráter".[42] Sócrates via a ação humana e a emoção em termos quase que totalmente racionais ou intelectuais: ele ignorava os impulsos e a irracionalidade deliberada. "Ninguém", dizia, "age contra aquilo em que mais acredita – as pessoas agem assim somente em razão da ignorância".[43] Isso explica a importância exagerada que Sócrates dava às investigações sobre a virtude. Se a única razão por que as pessoas falhavam em tornar-se melhores era o fato de serem ignorantes, então, a cura para a imoralidade seria de fato mais conhecimento.

Com relação a esse assunto, Platão, pelo menos uma vez, parece ter sido mais pé na terra e realista do que Sócrates. Ele reconheceu uma "parte irracional na alma" e a viu como em frequente conflito com a parte racional. (Em seus momentos mais pitagóricos, ele descreveu esse conflito como um conflito entre a alma e o corpo.) Produzir a virtude era, portanto, para Platão, não apenas uma questão de partilhar conhecimento, mas de encorajar um determinado comportamento. No Estado utópico descrito na *República*, isso envolvia disciplina e treinamento cuidadoso do jovem, bem como muita atenção ao ambiente que o cercaria desde pequeno – mesmo com relação ao tipo de música que poderia ouvir e ao tipo de histórias que lhe poderiam ser contadas.

O próprio Sócrates evidentemente não teria tido necessidade alguma de um tal treinamento. Ele era, sem dúvida alguma, extremamente disciplinado e mestre em autocontrole racional. Talvez esse fosse o problema. Talvez isso explique por

42 Ibidem, 1182a21 (CWA, p.1868).
43 Aristóteles, *Ética a Nicômaco*, 1145b27 (CWA, p.1810).

que parecia ter tido expectativas tão altas com relação aos outros e ter suposto que bastava que estes realmente soubessem o que a justiça é para que imediatamente se tornassem justos. Foi dito de Sócrates que "na força de seu caráter reside a fraqueza de sua filosofia".[44] Essa é uma formulação perfeita, mas as ideias de Sócrates possuíam mais coerência do que ela supõe. Além disso, é preciso dizer que sua explicação implausivelmente racionalista da psicologia humana não era de qualquer forma o único problema. Ainda que alguma pessoa sábia fosse disciplinada como ele era, e tivesse de algum modo nascido com a parte irracional de sua alma faltando, é difícil ver como isso automaticamente a tornaria moralmente boa. Não poderia alguém ser tão racional quanto Sócrates, tão sábio quanto ele procurava ser e, ainda assim, tão mau quanto o Satanás de Milton, que conscientemente abraçava o mal com as seguintes palavras: "Mal, sê o meu Bem"?[45] Não segundo Sócrates, que sustentava (assim disse Aristóteles) que "Ninguém escolheria o mal sabendo que é o mal".[46] Sócrates não apenas convenientemente ignorou a impulsividade e a irracionalidade, ele aparentemente declarava que uma imoralidade deliberada era simplesmente impossível. Ele parece nunca ter conhecido um homem caído, o que dirá um anjo caído.

Seria ele então apenas ingênuo? Nietzsche escreveu sobre a "ingenuidade e a certeza divinas do modo de vida socrático",[47] mas estava com isso provavelmente se referindo à nitidez da visão de Sócrates, não a uma inocência meramente tola. Nietzsche pensou longa e arduamente sobre o hábito de Sócrates de se expressar por meio de proposições aparentemente ingênuas, e concluiu que isso era de fato

44 K. Joel, in W. K. C. Guthrie, *Socrates*, Cambridge, 1971, p.138
45 Milton: *Paraíso perdido*, IV, 110.
46 Aristóteles, *Magna Moralia*, 1200b26 (CWA, p.1900).
47 Nietzsche, *Nascimento da tragédia* (1872), 13 (traduzido por W. Kaufmann, Random House, 1967, p.88).

"uma sabedoria cheia de ardis".[48] Nietzsche se deu conta do quanto é importante ter em mente as circunstâncias nas quais Sócrates conduzia suas discussões. A maior parte das opiniões paradoxais que podem ser atribuídas a Sócrates são baseadas em coisas que ele disse a alguém, ou em coisas que foram ditas a ele e com as quais ele concordou, com um propósito determinado e em um contexto determinado. Ele procurava ensinar – embora negasse que estivesse ensinando – irritando, bajulando, provocando. Ele tentava revelar a verdade sobre as coisas extraindo brincalhonamente várias ideias de seus ouvintes. E ardis intelectuais não eram uma pequena parte disso. "Essa era a Musa de Sócrates", escreveu Galeno, um médico e filósofo do século II d. C.: "misturar a seriedade com uma porção de alegria".[49]

Não podemos desculpar todas as implausibilidades de suas opiniões dizendo que ele na verdade não queria realmente dizer o que disse. Isso poderia salvar Sócrates de uma aparência de senso comum mundano, mas apenas à custa de se descartar quase tudo o que ele dizia. É possível, entretanto, com frequência, interpretar Sócrates melhor tendo em mente seu extraordinário projeto educacional. Juntarei agora as peças que formam a teoria da vida humana que reside por trás dos pronunciamentos aparentemente ingênuos e implausíveis de Sócrates. O que emerge é um conjunto de ideias que se mostraram a mim, no mínimo, como extremamente úteis, não só para edificar alguns de seus ouvintes imediatos, mas, também, para estimular uma grande parte da filosofia moral subsequente.

A teoria de Sócrates começa e termina com a alma, na *Apologia*, ele diz que a coisa mais importante na vida é cuidar do próprio bem-estar. A alma, diz, em algum outro lugar, é

48 Nietzsche, *Der Wanderer und sein Schatten* (1880), 86.
49 Galeno, *Sobre o uso das partes do corpo*, I. 9.

aquilo que é "mutilado pelas más ações e beneficiado pelas corretas".[50] Ele não está se referindo às ações dos outros, mas às que são próprias de cada um individualmente. Fazer o bem é beneficiar a própria alma e fazer o que é errado é feri-la. Uma vez que o bem-estar da alma é soberano, nenhum outro tipo de mal é tão importante. Nada do que os outros possam fazer a um determinado indivíduo pode feri-lo o suficiente para suprimir os benefícios que conquistou para si mesmo agindo corretamente. Segue-se daí que os maus ferem somente a si mesmos: "Nada pode ferir um bom homem, nem na vida, nem após a morte".[51]

Sócrates, portanto, não tem nenhum medo da corte que o está julgando; não se curvará diante de um comportamento desonroso só para ganhar a liberdade, pois "a dificuldade não está tanto em escapar da morte; a verdadeira dificuldade está em escapar do agir errado, que é muito mais veloz em seus passos".[52] Uma das razões por que é difícil impedir que o mal nos alcance é a de que, se alguém tenta nos fazer mal, é frequentemente tentador querer dar o troco de volta. Mas, uma vez que é sempre errado fazer o mal – pois isso iria ferir a própria alma, independentemente de qualquer desculpa que se desse para fazê-lo –, Sócrates observa que ninguém deve trocar o mal pelo mal. Em outras palavras, é preciso dar a outra face.

Isso entra em choque com as velhas convenções morais dos gregos, segundo as quais é aceitável ferir os inimigos, embora não os amigos e, especialmente, não os familiares. A ética rigorosa de Sócrates elimina essas distinções entre pessoas e prescreve, em seu lugar, uma moral universal. O que é surpreendente acerca dessa moral é que ela faz isso apelando para o interesse próprio, e não para algum tipo de sentimento altruístico que é em geral pensado como principal motivo

50 Platão, *Críton*, 47e (CDP, p.33).
51 Platão, *Apologia*, 41d (CDP, p.25).
52 Ibidem, 39b (CDP, p.24).

para o comportamento moral. Fazer o bem é uma questão de cuidar da parte de si mesmo que mais importa, a saber, a alma. Contudo, não se trata aí de um egoísmo comum, porque a única maneira de alcançar esse tipo de benefício para si próprio é agindo justamente e praticando as outras virtudes também. Um tal benefício não pode ser adquirido colocando-se ganânciosamente os próprios interesses acima dos das outras pessoas, mas apenas colocando-se o desenvolvimento moral acima de qualquer outro motivo. Tampouco essa ética incomum baseia-se em qualquer esperança de uma recompensa celeste ou medo de seu oposto. Os benefícios da virtude são colhidos quase que imediatamente, pois "viver bem significa a mesma coisa que viver de maneira honrada"[53] e "o [homem] justo é feliz e o injusto infeliz".[54] Na visão de Sócrates, a felicidade e a virtude estão ligadas, razão por que é do interesse pessoal de cada um ser moral.

Isso é particularmente difícil de engolir. Pois um dos fatos injustos da vida é o de que os maus parecem algumas vezes de fato prosperar, o que obscurece a ensolarada paisagem socrática. Mas, para a mente de Sócrates, o cuidado bem-sucedido da alma traz todos os tipos de coisas boas que podem não ser imediatamente aparentes. Ele argumenta que há conexões inesperadas entre algumas das boas coisas da vida e que a felicidade acaba sendo um problema mais complicado do que se possa a princípio imaginar. Pode parecer que as pessoas más desfrutem de todos os tipos de prazeres, mas, na realidade, há alguns prazeres dos quais elas não podem desfrutar, e estes são suficientemente importantes para lançar dúvidas em torno da ideia de que tais pessoas possam ser verdadeiramente consideradas felizes. Os prazeres supostamente intelectuais estariam entre esses, e há todos os tipos de outras satisfações que não podem ser obtidas sem o exercício das virtudes. Para

53 Platão, *Críton*, 48b (CDP, p.33).
54 Platão, *República*, 354a (CDP, p.604).

dar um exemplo simples: a menos que se pratique a virtude da moderação, não se gozará de boa saúde, e, provavelmente, se será privado de muitos prazeres futuros em nome de alguns poucos atuais. De modo que, sem exercitar as virtudes, um homem não pode ser afinal tão feliz.

Acontece que dentre os aspectos da boa vida, que são sutil e surpreendentemente ligados, estão as próprias virtudes. Sócrates argumenta que elas ou vêm como um pacote ou não vêm absolutamente. Seus argumentos, tipicamente, continuam tentando mostrar que uma virtude particular não pode funcionar adequadamente, a menos que uma outra esteja também presente. A coragem, por exemplo, requer a sabedoria. Não é bom ousar quando se é tolo, pois essa pseudocoragem se degenerará em mera precipitação. E todas as outras virtudes estão inter-relacionadas de modo semelhante. Uma delas, a saber, a virtude da sabedoria, desempenha um papel especial. Pois, sem nenhum grau de sabedoria, as pessoas verão muito mal as consequências das ações para serem capazes de dizer o que é certo e o que é errado, que é o pré-requisito fundamental para a vida virtuosa. Sem a sabedoria, elas serão também incapazes de ser verdadeiramente felizes, porque todo benefício que tenha o potencial de fazer alguém feliz tem também o potencial de ser usado erradamente e portanto de fazer o oposto. Consequentemente, a sabedoria é necessária tanto para colher os benefícios das boas coisas quanto para se ser virtuoso.

Para Sócrates, a conexão entre virtude e sabedoria era tão estreita que ele parece, em algum sentido, ter identificado as duas. Elas certamente pareciam depender uma da outra. De acordo com Sócrates, se alguém possui qualquer uma das outras virtudes, tem de possuir sabedoria também – porque de outra forma não conseguiria ser virtuoso. E se alguém tem sabedoria, deve necessariamente ter também todas as outras virtudes – porque, sendo sábio, se dará conta de que não pode ser feliz sem praticar também todas as outras virtudes. Como vimos, Sócrates achava que o comportamento moral beneficia a alma e que aquele que age erradamente está causando danos espirituais a si mesmo. Se isso é verdade, então, qualquer um que é genuinamente sábio se dará conta desse fato. Qualquer um que se dê conta desse fato – e que valorize a própria alma, como certamente qualquer pessoa sábia o faria – tentará portanto evitar agir errado. Essa linha de pensamento explica por que Sócrates sustentava que ninguém fazia o mal conscientemente, pois não há outra explicação plausível para o fato de alguém fazer o mal, senão a de que esse alguém não se dá conta de que suas ações irão ferir sua alma. Aquele que faz o mal está com efeito agindo em razão da sua ignorância. Em seu conjunto, esses tipos de considerações sustentavam a ideia de Sócrates de que, se suas discussões ajudavam as pessoas em direção à sabedoria, então, ele consequentemente as estaria ajudando também em direção à virtude.

Em um dos diálogos de Platão, Sócrates sintetiza uma boa parte dessa teoria no decorrer da recapitulação de uma discussão com Cálicles, um jovem aristocrata que estava prestes a ingressar na vida pública:

> Então é absolutamente necessário, Cálicles, que o homem ajuizado e temperante, sendo, como demonstramos, justo, corajoso e piedoso, deve ser completamente bom, e o homem bom deve fazer bem e belamente o que quer que faça, e aquele que faz bem o que faz deve necessariamente ser feliz e abençoado, enquanto o homem mau, que faz o mal, deve ser infeliz.[55]

Teria Sócrates realmente conseguido demonstrar tudo isso? Seus ouvintes frequentemente se assustavam com os saltos lógicos que ele dava sem fazer nenhum esforço. Tanta coisa parecia questionável, especialmente o que ele dizia sobre a felicidade. Aristóteles era caracteristicamente direto em suas objeções a esse ponto: "Quer queiram, quer não, estão falando absurdos os que dizem que a vítima de uma

55 Platão, *Górgias*, 507b (CDP, p.289).

desgraça ou o homem que passa por grandes infortúnios é feliz se for bom".[56] A certa altura, um dos ouvintes de Sócrates compreensivelmente observou, sem dúvida alguma em tons provocativos, que "se tu estás sendo sério e o que dizes é verdade, então certamente a vida de nós mortais deve estar virada de cabeça para baixo".[57]

Esse era precisamente o objetivo de Sócrates: reformar as ideias morais das pessoas, o que claramente não seria fácil. A fim de ser bem-sucedido nessa tarefa por meio do debate, as discussões tinham de ser muito diferentes das puramente teóricas, "pois não é assunto comum o que estamos discutindo, e sim como devemos viver".[58] Um certo grau de exagero e simplificação seria algumas vezes necessário para que o argumento ético em questão fosse eficaz. Por exemplo, quando Sócrates dizia que nada pode ferir um bom homem, não estava querendo negar as várias coisas indesejáveis que podem acontecer ao virtuoso. Ele estava tentando persuadir seus ouvintes a olhar tais infelicidades como menos importantes do que a infelicidade de estragar sua própria alma. Quando dizia que o homem mau é infeliz, ele não estava querendo com isso dizer que um tal homem não poderia ocasionalmente desfrutar de uma boa noitada; estava exortando seus ouvintes a apreciar as satisfações da virtude, no sentido mais amplo de virtude, e, talvez, a se compadecer do homem que não poderia desfrutar delas. E quando dizia que o bem traz a riqueza e todo outro tipo de bênção, não queria dizer que se alguém se comportasse bem, ficaria rico rapidamente. Nesse contexto – no qual ele estava mais preocupado em negar que a riqueza traria automaticamente o bem do que em persuadir qualquer um exatamente do inverso – , estava mostrando um retrato do melhor tipo de vida humana, aquela em que todas as boas

56 Aristóteles, *Ética a Nicômaco*, 1153b19 (CWA, p.1823).
57 Platão, *Górgias*, 481c (CDP, p.265).
58 Platão, *República*, 352d.

coisas são procuradas e desfrutadas ao máximo, graças ao exercício da sabedoria prática e das outras virtudes.

Esse não é de fato um conjunto de dogmas comum; na realidade, não são dogmas absolutamente. O que chamei de a teoria socrática da vida humana não é algo que Sócrates tenha explicitamente exposto como tal. As ideias contidas nessa teoria são aquelas das quais ele dependia em seu questionamento de outros, ou as quais tinham aparentemente resistido à provação dialética. O objetivo final, que talvez nunca fosse alcançado, era adquirir uma espécie de conhecimento especializado, como o conhecimento especializado de artesãos hábeis, embora não sobre o fazer sapatos ou trabalhar com metal, mas sobre a habilidade última do bem viver.

O que Sócrates declarava nas discussões devia ser frequentemente visto como algo não mais definitivo do que etapas incompletas desse caminho para o conhecimento moral especializado. Algumas vezes, o caminho se truncava, quando ele bajulava e espicaçava com ironia, ou quando lançava um argumento que parecia ser capaz de conduzir seus companheiros de viagem a uma direção interessante (ou que, pelo menos, os fizesse parar e pensar). O resultado era, como dizia Nietzsche, a sabedoria cheia de ardis. E, porque era um tipo de sabedoria ou conhecimento especificamente moral a que Sócrates estava tentando chegar, seus argumentos tinham um quê de exortação, idealismo e apelos aos sentimentos morais, bem como à lógica e ao senso comum. Essa é a razão por que, considerados abstratamente e como tentativas de pura lógica, eles parecem ter muitos *gaps* implausíveis do tipo observado por Aristóteles.

Sócrates não pinta apenas um quadro inspirado da vida ideal. Seu estilo de falar forma um casamento íntimo entre a exortação e a lógica, e por essa razão representa uma contribuição que vai mais na direção da filosofia argumentativa do que na da pregação. Tudo o que ele diz é apresentado no contexto de um argumento: razões são exigidas, inferências são examinadas, definições são refinadas, consequências são deduzidas, hipóteses são rejeitadas. Essa é a única abordagem suficientemente séria para fazer justiça à questão de como devemos viver. Uma exortação responsável deve, para Sócrates, estar baseada em argumento bem fundamentado. Um simples resumo de suas conclusões provisórias, tal como o que faço aqui, não pode transmitir a força desse casamento entre idealismo e lógica concreta. Um tal resumo inevitavelmente reduz os pensamentos de Sócrates a um cardume de proposições em águas rasas ofegando fora de seu elemento. Seus pensamentos afloravam no curso da discussão, e só podem estar vivos hoje no cenário dos diálogos de Platão.

Sócrates não era um guru muito fácil de se acompanhar, no mínimo porque um guru era o que ele resolutamente se recusava a ser. Ainda assim, é pouco surpreendente que, depois de sua morte, muitos de seus amigos tenham, de um modo ou de outro, desejado levar adiante sua obra. Uma vez que não era, nem é, questão simples dizer exatamente no que consiste essa boa obra, deveria ser igualmente pouco surpreendente que esses pretensos sucessores de Sócrates terminassem disputando as mais variadas causas. O maior de seus herdeiros foi Platão. O resto era um bando misturado. Mas, três dentre estes, parecem ter exercido uma influência significativa de um modo ou de outro.

Dois destes homens, que estavam com Sócrates quando ele morreu – Antístenes de Atenas e Euclides das vizinhanças de Megara – acabaram tornando-se fundadores ou figuras centrais de escolas de pensamento cujos traços puderam ainda ser vistos centenas de anos depois. A escola fundada por um terceiro companheiro de Sócrates, Aristipo de Cirena na Líbia (*c.*435-*c.*355 a. C.), não sobreviveu do mesmo modo, o que não foi uma grande perda. O que Aristipo e seus seguidores fizeram dos ensinamentos de Sócrates só tem interesse como exemplo do quão facilmente os seguidores de Sócrates podiam exagerar e distorcer o que haviam aprendido.

Os cirenaicos que seguiram Aristipo eram devotados ao prazer, mas de um modo curiosamente filosófico. Impressionado com o autocontrole racional de Sócrates, Aristipo voltou sua própria autodisciplina para a busca exclusiva de gratificação. Enquanto Sócrates não via nenhuma razão para não desfrutar das boas coisas da vida – desde que, evidentemente, isso não interferisse na busca das virtudes –, Aristipo via pouca razão para fazer qualquer outra coisa. Depois que Sócrates morreu, Aristipo tornou-se uma espécie de bufão licenciado da corte de Dioniso I, o tirânico soberano de Siracusa, na Sicília, de quem se diz ter morrido em uma rodada de bebida para celebrar a vitória em um concurso de drama.

A base de Aristipo para a busca de prazeres, luxuriantes ou não, era aparentemente sincera e parcialmente socrática. Como a maior parte dos moralistas, Sócrates sustentava que se deveria estar atento quanto ao tornar-se um escravo dos próprios desejos. Aristipo concordava. Mas a novidade de sua interpretação consistia em exercer autoridade sobre seus desejos de modo a fazer que estes trabalhassem horas extras para ele. Isso o fazia feliz; e o que afinal poderia haver de errado com a felicidade? Não teria Sócrates acenado com a promessa de felicidade como um incentivo à virtude? Não podia haver muito de errado com ela, portanto.

Sócrates tinha uma concepção um tanto pretensiosa de felicidade como um estado de satisfação espiritual obtido por um modo de vida nobre. Aqui Aristipo difere gritantemente. Segundo ele, a forma de felicidade que alguém deveria visar era a do próprio prazer físico, considerando esse prazer como o único critério exequível do que é bom e mau em geral; aparentemente sustentava que é impossível ter algum conhecimento de qualquer coisa que não fossem as próprias sensações, uma ideia filosófica que teve muitos defensores na época. De modo que as sensações de prazer, que eram indubitavelmente boas em algum sentido, mesmo se não fosse em nenhum outro, podem, em um mundo incerto, ter parecido a coisa lógica em que um filósofo deveria se concentrar.

A busca do prazer era portanto uma tarefa a ser levada a sério. O trabalho do filósofo era guiar engenhosamente seus desejos e suas circunstâncias, de forma a maximizar suas sensações prazerosas, e pregar a sabedoria desse modo de vida para outros (que naturalmente deveriam pagar por tão valoroso conselho). Era preciso a autodisciplina de um Sócrates para exercer essa difícil tarefa adequadamente, ao menos assim parece ter pensado Aristipo, e era importante não ser perturbado por outras buscas que poderiam desviar alguém da única busca prática e inteligível da vida, a saber, a do prazer. A matemática e a ciência, por exemplo, não tinham nenhuma utilidade e, portanto, deveriam ser ignoradas. Aqui, mais uma vez, o exemplo de Sócrates poderia até certo ponto ser invocado, pois ele não procurou incansavelmente a resposta para a questão de como devemos viver, à custa do sacrifício de todas as outras questões?

Sócrates teria gostado de mostrar a Aristipo e aos outros cirenaicos onde eles haviam errado. Teria querido saber, por exemplo, o que aconteceu com a justiça e com as outras virtudes pelas quais lutou. Ele também teria rejeitado as ideias dos cínicos, embora elas fossem muito mais interessantes. Como os cirenaicos, Antístenes (*c.*445-*c.*360 a. C.) e os últimos cínicos se apropriaram de uma parte do que eles aprenderam com Sócrates e a estenderam para além de suas proporções. "Um Sócrates que enlouqueceu",[59] é como se supõe que Platão tenha descrito o cínico Diógenes, um seguidor de Antístenes. Mas os cínicos ainda conseguiram manter mais da herança socrática do que Aristipo, e, de fato, sua principal doutrina era o oposto exato da indulgência cirenaica.

Como Aristipo, Antístenes achava que uma força mental como a socrática era necessária para a busca da felicidade. Aí terminava a similaridade com Aristipo. Antístenes sustentava

59 Diógenes Laércio, *Vidas dos filósofos*, VI. 54 (*Lives of The Philosophers* (LOP). Diógenes Laércio, trad. por R. D. Hicks. Harvard University Press, 1972, v.2, p.55).

que a felicidade se encontraria não na satisfação de desejos, como mantinham os cirenaicos, mas na perda deles; era impressionado pela indiferença de Sócrates com relação à riqueza e ao conforto e transformou isso em uma filosofia ascética que positivamente abraçava a pobreza. Sócrates, afinal, havia dito que nada poderia ferir um bom homem. Antístenes chegou à conclusão de que enquanto alguém fosse bom nada mais na vida importaria. Isso certamente ultrapassa Sócrates, que nunca negou que fosse melhor ter riqueza e posses em seus devidos lugares do que não as ter. Sua aparente indiferença para com elas era, em grande parte, um subproduto da exigente busca pela virtude e pela alma sã, isso sem mencionar seu alheamento.

Enquanto Sócrates era absolutamente preparado para ignorar hábitos e valores comuns quando seus princípios lhe exigiam, Antístenes parecia buscar o não convencional por si só. Se algo não é nem bom nem mau, então não faria a menor diferença fazer ou não esse algo. Como se pode imaginar, essa é uma poderosa receita de excentricidade. Livre do desejo pelas posses e liberto do comportamento convencional, o homem sábio poderia sair por aí discursando contra os tolos hábitos da sociedade e, em geral, fazer um espetáculo de si mesmo. Ele consolaria a si próprio com o conhecimento de que os valores convencionais não valem a pena e são muito diferentes dos valores naturais da vida genuinamente boa. Infelizmente nunca ficou claro o que os valores naturais e a verdadeira virtude realmente envolviam. Antístenes era muito melhor em anunciar em alto e bom som o que eles não eram.

Diógenes de Sinope, no Mar Negro (*c*.400-*c*.325 a. C.), veio para Atenas e foi tomado pelas ideias de Antístenes. Mas achava que Antístenes havia falhado com relação a viver de acordo com seus próprios ensinamentos, o que não teria sido surpreendente. Diógenes compensou essa falha magnificamente, em especial no que diz respeito à excentricidade e ao modo de vida não convencional. Uma das mais conhecidas histórias sobre os primeiros filósofos conta que Diógenes vivia em uma tina de barro, uma outra diz que lançou a moda entre os cínicos da masturbação pública. Verdade ou não, a grande quantidade de histórias sobre a extravagância de suas palavras e atos mostra a desconcertante impressão que causava. Deleitava-se com o apelido de "o cão" (*kyon*), que foi como os cínicos ou "homens-cães" ganharam esse nome. O apelido lhe foi dado porque procurava a vida desavergonhada, instintiva e descomplicada de um animal – sendo os animais os verdadeiros expoentes dos valores "naturais". Tinha uma língua afiada e era rápido em atacar selvagemente aqueles dos quais discordava, o que pode ter também contribuído para o seu apelido. Era particularmente hostil a Platão e gostava de pregar-lhe peças. Conta-se que apareceu em uma das conferências de Platão sacudindo uma galinha depenada para importuná-lo insolentemente com um ponto da definição – um eco longínquo da sabedoria cheia de ardis de Sócrates.

A perturbadora renúncia de Diógenes da vida convencional não chegou tão longe a ponto de tornar esse "Sócrates que enlouqueceu" um eremita. A vida era muito agitada para isso. Havia pessoas para serem persuadidas, exemplos a serem estabelecidos, havia a pregação a ser feita e conselhos práticos a serem dados. Suas atividades parecem tê-lo tornado muito popular. Conta-se que quando sua tina foi destruída, os cidadãos de Atenas se juntaram para comprar-lhe uma nova. Sua sinceridade e a simplicidade de sua vida parecem ter sido respeitosamente admiradas à distância, embora seus ensinamentos fossem excessivamente radicais para atrair mais do que um pequeno número de seguidores engajados ou para exercer qualquer efeito político direto. Ele ensinava que a felicidade consistia em satisfazer apenas as necessidades mais básicas e em disciplinar-se para não desejar nada mais. A tudo o mais se deveria renunciar – riquezas, conforto, vida familiar comum – porque nenhuma dessas coisas fazia de alguém uma pessoa moralmente melhor. Todas as amarras restritivas da civilização na cidade-Estado, desde os tabus contra o incesto ou o comer carne humana à instituição do casamento, as barreiras de classe social e a religião tradicional, deveriam ser superadas pela mesma razão. A sociedade ideal seria uma comunidade livre composta de seres racionais, autossuficientes e espartanos que se entregariam a toda e qualquer forma de relacionamento que tivesse o consentimento de todas as partes, sem os laços das proibições convencionais.

Muito do que Diógenes dizia tinha o objetivo de chocar; ele provavelmente não tinha como hábito regular o quebrar todos os tabus que condenava. Mas ele queria sacudir as pessoas levando-as a examinar suas vidas. Por muitos anos, e especialmente nos primeiros dois séculos da era cristã, o cinismo atraiu todo tipo de *hippies* errantes e de mendigos itinerantes praticantes do amor livre, que eram mais aguçados em fazer denúncias em geral e em ridicularizar a sociedade do que em filosofar ou fazer bem. Essas pessoas, bem como a literatura satírica e sarcástica que foi influenciada pelo movimento, deram origem ao significado moderno de "cínico". Mas os primeiros cínicos, embora fossem boêmios, viam a si mesmos rigorosamente como professores e parecem ter prestado um serviço útil. Crates de Tebas (*c*.365-*c*.285 a. C.), por exemplo, deu sua grande fortuna para tornar-se aluno de Diógenes. Ele aparentemente atendia em casa como um tipo de terapeuta ou pastor, oferecendo um serviço de guia moral que não era oferecido ao público comum por nenhuma outra fonte – certamente não pelas escolas formais de pesquisa filosófica formadas por Platão e Aristóteles. Hipparchia, a irmã de um aluno de Crates, estava desesperada para se juntar a Crates em sua vida não convencional, mas teve de ameaçar seus ricos pais com o suicídio antes que eles a deixassem partir. Eles finalmente consentiram, e ela "viajou por toda parte com seu marido e fazia amor publicamente e frequentava jantares".[60]

60 *Vidas dos filósofos*, VI. 96 (conforme traduz J. M. Rist in Stoic *Philosophy*, Cambridge, 1969, p.61).

Euclides, o último dos seguidores de Sócrates a ser considerado aqui, era tão devotado ao mestre que, quando Atenas proibiu os cidadãos de Megara de entrar na cidade, conta-se que ele se vestiu de mulher e penetrou furtivamente no segredo da escuridão para estar com ele. Euclides partilhava com Sócrates não apenas o seu interesse pela natureza do bem moral, mas também sua paixão pelo argumento. Enquanto Sócrates parecia preparado para seguir qualquer linha promissora de raciocínio aonde quer que esta o levasse, Euclides estava interessado em argumentos por si só lógicos, especialmente nos paradoxais. Um oponente falou em "disputar com Euclides, que inspirava nos megários um amor frenético pela controvérsia".[61]

Frenética ou não, foi a curiosidade intelectual dos megários que os levou a propor os mais duradouros quebra-cabeças sobre lógica e linguagem. Atribui-se a Eubulides, um aluno de Euclides, vários destes quebra-cabeças, incluindo-se o mais famoso, comumente conhecido como o Paradoxo do Mentiroso. Esse é o paradoxo apresentado por alguém que diz "Essa afirmação é falsa". O problema é o que dizer sobre uma tal afirmação; argumentos sobre sua verdade tendem a girar em círculos. Por exemplo, se ela for falsa, então o que enuncia enunciou verdadeiramente, porque isso foi o que ele disse que a afirmação era. Por outro lado, se ele falou verdadeiramente, então a afirmação tem de ser falsa, porque falou que ela era falsa. Portanto, se é falsa, segue-se que é verdadeira; e se é verdadeira, segue-se que é falsa. É mais fácil brincar com esse quebra-cabeça do que o solucionar. Ele tem a notável capacidade de revidar qualquer solução proposta. É possível que alguém simpatize com o poeta Filetas de Cos, que, segundo dizem, preocupou-se tanto com esse paradoxo que definhou, ficando tão magro que teve de colocar pesos direcionais em seus sapatos para parar de voar. O epitáfio em sua tumba dizia:

61 Timon de Phlius in Diógenes Laércio, op.cit. II.107 (LOP v.1, p.237).

Oh! Estrangeiro: eu sou Filetas de Cos
Foi o Mentiroso
E as péssimas noites causadas por ele
Que me fizeram morrer.[62]

Pode ser difícil ver o quebra-cabeça em si como profundo, mas houve tentativas de chegar ao seu fundo. O Paradoxo do Mentiroso estimulou uma grande parte do trabalho sobre a natureza da verdade e do significado linguístico de lógicos matemáticos e linguistas que se ocupavam da estrutura formal das línguas. Não parece, entretanto, ter causado nenhum outro incidente. Um subproduto resultante de um interesse no tipo de "autorreferência" envolvida no paradoxo – a afirmação paradoxal é curiosamente sobre ela mesma – foi o Teorema de Gödel,[63] um dos resultados mais significativos da matemática moderna, que mostra que há certos limites para a prova matemática.

Os alunos e sucessores de Euclides transformaram Megara em uma versão concreta da grotescamente exagerada "fábrica lógica" retratada na peça de Aristófanes sobre Sócrates. O fato de, para alguns céticos, o seu trabalho parecer mera "disputa" e controvérsia, o que, sem dúvida, uma parte de fato o era, lembra a recepção que os incessantes argumentos de Sócrates sobre a virtude obtinham de alguns dos cidadãos menos intelectuais de Atenas. Uma das razões por que Euclides achou que uma de suas tarefas como filósofo era tanto pregar o bem moral quanto se envolver em questões lógicas abstratas era a sua admiração pela visão de Sócrates de que o conhecimento é o caminho para a virtude. O próprio Sócrates pode não ter discutido lógica, mas Euclides sentia que o fazer era um caminho para continuar a busca da sabedoria. Em particular, se alguém compreendesse o processo de

62 Ateneu, *Deipnosophistai*, IX, 410e (traduzido por St. George Stock in Stoicism, Londres, 1908, p.36).
63 Ver *Gödel's Proof*, E. Nagel, J. R. Newmann, Londres, 1959.

argumentação, então isso presumivelmente o ajudaria a continuar a levar adiante o bom trabalho do exame socrático.

Todas essas escolas de filosofia que floresceram a partir de Sócrates compartilharam com ele a ideia de que a sabedoria traz a virtude e a virtude traz a felicidade. Elas evidentemente diferiam acerca do que supunham que a felicidade envolvesse – o prazer indulgente, no caso dos cirenaicos, a disciplina ascética, no caso dos cínicos. Mas todas concordavam que algum tipo de reflexão filosófica fosse o caminho para encontrá-la e que uma tal ocupação conduziria à boa vida. As visões éticas desses filósofos eram todas muito individualistas (chegando ao extremo, no caso de Diógenes), e é possível ver como o exemplo incomum da vida de Sócrates poderia ter levado a isso. Mas, no caso dos cínicos, pelo menos, havia uma ruptura clara com Sócrates no que diz respeito aos laços de obrigações sociais e à lealdade para com os valores da cidade-Estado. Os cínicos enfatizavam um contraste entre a vida de virtude e a vida imposta pela cidade na qual acontecesse de alguém nascer ou estar vivendo. Em um sentido, Sócrates também fez isso, mas em um outro não, certamente teria aceitado que o indivíduo deve seguir sua própria consciência, e não as imposições da cidade, quando estas imposições são injustas. Mas ele procurava melhorar a vida da cidade, não renunciar a ela por completo; incitando os atenienses a viverem juntos e de um modo justo e a melhorar suas leis e comportamento quando necessário, não a abandonar o total empreendimento de civilização e a perder o respeito pela lei.

Sócrates deixou claro que, embora devamos desobedecer às leis se elas são injustas, devemos, não obstante, submeter-nos ao seu castigo quando pegos em desacordo com elas. E foi isso exatamente o que ele mesmo fez quando foi condenado. Alguns amigos lhe deram a chance de escapar da prisão e fugir de Atenas antes da execução; um dos primeiros diálogos de Platão, o *Críton*, lida com esse episódio e dá as razões por que Sócrates rejeitou a oferta. Da mesma forma que sentia uma obrigação moral para com a autoridade legítima da cidade e para com o devido procedimento da lei, assim também Sócrates amava Atenas e não saboreava a vida em nenhum outro lugar. Uma das coisas que Platão o faz dizer em seus diálogos sugere que ele tinha dúvidas com relação à democracia como forma de governo; isso o levou a ser algumas vezes descrito como antidemocrata. Mas, na verdade, era Platão que tinha tais dúvidas, como tinha, aliás, com relação a todas as formas de governo com que esbarrava. O próprio Sócrates mostrava todo sinal de profunda lealdade à constituição de Atenas. Ele frequentemente louvava a cidade e suas instituições e parece nunca a ter deixado, exceto por ocasião de seu serviço militar. Sobre a questão de se ele aprovava o tipo de democracia que lá vigorava, Sócrates votou de pé – ou melhor, mostrou sua preferência deixando de se levantar. Havia muitos outros estados com governos não democráticos para os quais ele poderia ter emigrado. Talvez o mais embaraçoso para os seus oponentes, que na época teriam preferido enquadrá-lo como um inimigo da democracia, tenha sido o bem conhecido fato de que ele havia arriscado a vida durante o governo dos tiranos antidemocratas recusando-se a tomar parte na prisão de um homem inocente.

Sócrates era, se alguma coisa, democrata demais para os atenienses. Foi esse aspecto de seu caráter e ensinamento que conduziu ao exagerado individualismo de alguns de seus imitadores. Sua atitude para com a religião e a moral pode ser vista como ultrademocrática. Nada deve ser dado por certo, especialmente se é legado por uma autoridade que coloca a si mesma acima da razão moral das pessoas, seja aquela autoridade que é reputada como se fosse a do próprio Zeus, seja a de um tirano humano. Todo homem deve descobrir por si mesmo o que é bom e correto, e ninguém pode escapar à obrigação de examinar a si mesmo e à sua vida. O resultado dessas discussões entre os cidadãos deveria idealmente ser uma sociedade justa com leis justas, a que se chegasse por intermédio desse autoexame coletivo. No sonho socrático de democracia, a convicção individual conduziria ao acordo coletivo – não com relação a todas a coisas, presumivelmente, mas, pelo menos, com relação às linhas gerais de como se deve viver.

Sócrates não era um político. Ele achava que podia desempenhar seu papel apenas discutindo com os indivíduos, um a um, ou em pequenos grupos: "Eu sei como produzir uma testemunha para a verdade do que eu digo, o homem com quem estou debatendo, mas os outros eu ignoro. Eu sei como assegurar o voto de um homem; mas com os muitos não vou sequer entrar em discussão".[64]

Através dos anos, os votos em favor de Sócrates acumularam-se firmemente à medida que os diálogos de Platão transmitiram seu debater, ou uma semelhança disso, para muito além da Atenas do século V e de seus banquetes. Há agora poucos que discordariam de uma coisa que Sócrates disse aos juízes: "Se me condenardes à morte, dificilmente encontrareis alguém que tome o meu lugar".[65]

---

64 Platão, *Górgias*, 474a (CDP, p.256).
65 Platão, *Apologia*, 30e (CDP, p.16).

SOBRE O LIVRO

Coleção: Grandes Filósofos
Formato: 11 x 18 cm
Mancha: 20 x 38,2 paicas
Tipologia: IowanOldSt Bt 9/12
Papel: Pólen 80 g/m² (miolo)
Cartão Supremo 250 g/m² (capa)
1ª edição: 1999

EQUIPE DE REALIZAÇÃO

Produção Gráfica
Edson Francisco dos Santos (Assistente)

Edição de Texto
Fábio Gonçalves (Assistente Editorial)
Fábio Gonçalves (Preparação de Original)
Adriana Silvia Méola e
Armando Olivetti Ferreira (Revisão)
Barbara Eleodora Benevides Arruda (Atualização ortográfica)

Editoração Eletrônica
Lourdes Guacira da Silva Simonelli (Supervisão)
R2/D'Livros (Diagramação)